젖은 우산 속 비는 내리고

강중훈: 일본 오사카에서 태어나(1941) 부모님 고향 제주도 성산포 오조리에 정착(1944), 한국방송통신대학 국문과와 제주대학교 대학원을 졸업함. 박재삼 추천〈한겨레문학〉으로 등단(1993), 제주도문인협회장 국제PEN한국본부제주지역위원장 등 역임, 현재 계간문예〈다층〉편집인, 다층문학동인, 시집『오조리, 오조리, 땅꽃마을 오조리야』,『가장 눈부시고도 아름다운 자유의지의 실천』,『작디작은 섬에서의 몽상』,『날아다니는 언어를 위한 단상』,『털두꺼비하늘소의 꿈』,『바람, 꽃이 되다만 땀의 영혼』,『동굴에서 만난 사람』,『아직도 괄호에 갇혀있다』,『젖은 우산 속 비는 내리고』, 제주문학상, 서귀포문학상, 한국농민문학상, 제주특별자치도문화상, 제주특별자치도예술인상 수상
- E-mail:kjh2253@hanmail.net
- Mobile 010-8663-2253

다층현대시인선 176

젖은 우산 속 비는 내리고

발행일 2024년 5월 20일
지은이 강중훈
펴낸이 김동진
펴낸곳 도서출판 다층
등록번호 제27호
주소 (63211)제주특별자치도 제주시 오복5길 10, 1층
전화 (064)757-2265/FAX(064)725-2265
E-mail dc2121@empas.com

ⓒ 강중훈, 2024. Printed in Jeju, Korea

ISBN 978-89-5744-113-8 03810

값 12,000원

* 지은이와 협의하여 인지를 생략합니다.
* 이 책은 Jeju 제주특별자치도와 제주문화예술재단으로부터 제작비 일부를 지원받았습니다.
* 본 책의 내용 전부 또는 일부를 다른 매체에 소개하고자 할 때는 저자와 본사의 동의를 얻어야 합니다.

다층현대시인선 176

강중훈 시집

젖은 우산 속 비는 내리고

다층

* 페이지 시작과 끝부분에 〉표시는 연을 구분하는 표시입니다.

시인의 말

시골 버스 지나는
고향 논밭 길

첫 번 스치는 밭에는 무꽃 피고
다음 밭은 보리꽃 피고
또 다음 보이는 먼 산

그 곁에
잎 진 가시낭 밭
고갯길

걸음 무거운 노파의 지팡이에 핀
겨울바람 쌩쌩
신나게 매달린 휘파람
혹은 詩

2024년 봄
강중훈

차례

005__ 시인의 말

제1부 섬
011__ 그대라는 고차방정식
012__ 청띠제비나비
013__ 여름 해부학
014__ 로댕의 그림처럼
015__ 사와 삼 분의 일에 관한 이념적 상상
016__ 박꽃
017__ 한야(寒夜)
018__ 밀물과 썰물
019__ 말몰레기
020__ 왜가리
021__ 풍경이 있던 자리
022__ 상상 그리기
024__ 소섬
026__ 구르마
027__ 어느 선교사 이야기

제2부 에토스
031__ 구월의 편지
033__ 바르샤바로 가는 길
035__ 산 꿩
037__ 시비(詩碑)가 있는 공원
038__ 쓰레기소각장 근처
039__ 응시(凝視)
040__ 거라

043__ 초자연주의
044__ 소리 질러!
046__ 겨울 철새의 오브제
048__ 바다 숭어의 기도
050__ 아시아의 소
051__ 다시 가다 돌아서 다가가다
052__ 명도암 가는 길
054__ 젖은 우산 속 비는 내리고
055__ 카사블랑카

제3부
059__ 종이배
061__ 어느 쇠테우리의 일기
062__ 펀시
064__ 하! 아프다
066__ 박꽃 · 2
068__ 호찌민 부루
069__ 주제를 상실한 물수리의 고독
070__ 오조리 노래 · 2
072__ 추억의 솔렌자라 *Solenzara*
073__ 밤 배를 탄 열차
074__ 잊혀진 토요일 오후 일기
075__ 오조리에선 누구나 아그네스 발차의 노래를 부른다
077__ 봄비 갠 날이면

078__ 일출봉에 해뜨거든
080__ 냉동 갈치
081__ 태풍 지난 자리

제4부

085__ 출애굽기
086__ 산
087__ 늑대의 별자리
088__ 비탈을 껴안고 가는 곳
089__ 풍경과 풍경 사이
091__ 파시(罷市)
093__ 가을 바다
094__ 비틀거리는 '시(詩)'
095__ 월광 소나타
097__ 아돌프에 관한 연구
098__ 자전거
100__ 태풍 머물다간 자리
101__ 봄의 예절
102__ 코스모스
103__ 오늘, 조간신문 기사를 요약하건대

해설

105__ 평행이론, 상처 치유 접점의 시학 | 박현솔

제1부 섬

그대라는 고차방정식

　알고리즘 냉장고에서 덜 풀린 통조림과 깡통 속 캐러멜을 찾아내어 칼칼한 목젖을 적신다

　스멀스멀 기어 나와 조금은 여유로운 컴퓨터 자판에 왼쪽 뺨을 문지른다 지상의 잠든 모든 것들을 깨워놓기 위함이다

　부러진 솔가지가 송홧가루를 날려 온 세상을 휘젓고 다닐 때 그대는 마른 잎을 싫어했다.

　컴퓨터 화면 오른쪽에도 겨울나무가 있고 동상 입은 엠블럼이 있고 왼쪽 새끼발가락 사이로 낡은 고무신 한 짝이 헐겁다

　남루한 시대정신이 고차방정식으로 잠긴다

　그대가 아름다워지는 그믐밤이 지고 있다

청띠제비나비

　가슴으로 불타는 꽃들이 꽃상여 꽁무니 따라 논다 놀다 돌아간다

　누군가의 허리를 낚아채듯 느릅나무 가지 끝에 매달아 놓은 내 짧은 반성문마저 목젖 타는 이별의 순간 속으로 힘껏 밀어 넣고

　윤회의 숨결과 일어서는 나무들과 환장 난 여름 햇살이 함께 놀다 돌아간다

　팔랑개비처럼 뱅글뱅글 돌다가 보이지 않는

　나 또한 그 길 지나 돌아서 간다

여름 해부학

여름 해에 몸이 덴 팔월의 산

비췻빛 같은 당신의 목숨

산, 속으로 숨고

태양의 젖꼭지 근처

비린내 나는 그리움

해부되어

석쇠 위에서 지글지글 탄다

로댕의 그림처럼
― 제주4·3평화공원 근처

낮술에 취한 로댕이
수탉 울음 같은 가을 울음에 물음을 던지면

그리운 할아비와 아비
그 어미 모두가 눈먼 장님 되어
눈 비벼도 보이지 않는 그림자는
꿩바치 총소리에 놀라 돌아선 사랑이라

풀숲에 잠든 무수한 부호들 앞에서
죽음의 깍지 풀고
구겨진 손 흔들며
자신들만의 존재를 노래하는 평화공원 근처
평화의 뜻도 모를 제주의 산허리

시(詩)처럼 앉아 있는 노인 한 분은 가끔
마른기침이 마렵다고 답을 준다

사와 삼 분의 일에 관한 이념적 상상

 한 여인이 푸르스름한 강변을 지나 다리 위를 건넌다. 나 또한 그녀와 함께 다리 위를 걷는다. 그녀와 내가 다른 것은 나는 걷는데 그녀는 건넌다는 것이다. 우리 둘은 언제나 그곳에서 만나고 그곳에서 헤어진다. 그녀와 내가 만나는 이유는 그녀가 푸르스름하기 때문이고 헤어지는 이유 또한 그녀는 건너는데 나는 걷고 있기 때문이다. 그녀가 건너간 그곳으로는 언제나 푸른 강이 흐르고 바다 또한 보란 듯이 흔들리므로 걷는 나는 어지러워 허리끈을 동여맨다.
 그녀가 건너간 자리, 바다와 마주한 창가에 앉아 나는 매일같이 그녀를 향한 퍼즐 맞추기를 한다. 이어지지 않은 숫자들, 푸르스름하거나 혹은 불그스름한 그것들은 모두가 복면한 채 산을 오르려다 잡혀 온 것들이다. 그러므로 흐르거나 울렁거리다가도 반항하지는 않는다. 어쩌면 그녀가 내게서 떠나간 이유도 복면에 갇힌 암호 때문일 거다. '복면산'의 암호가 풀리지 않은 이유도 여기에 있다. 이럴 때 갇혀있는 파도가 양심으로 일어나 삼삼한 사상을 질근질근 씹는다. 사(死)와 삼(生)도 안 되는 일이 답을 던진다. 그림자가 뜬다.

박꽃

나무가 되려다 흔들림이 두려워

돌이 된 뺨 위로

송글송글 솟은 땀을 씻어내며

새끼줄에 얽힌 초가집

울타리에 걸터앉아

초여름 처마를 지키려다

나는 그만 박꽃이 되고 말았습니다

한야(寒夜)

문고리마다 녹슬고 얼어붙은 추억의 아픈 뼈마디에
손 비비며 기대어 앉은 재봉틀
아직은 꺼지지 않고
숨결마다 가물거리는 호롱불 밑에
누더기 진 홑적삼 다정스레 때가 묻어 있구나

입춘대길(立春大吉)
기다리는 눈동자에 무엇이 오려는가

바람결 속에 싸늘한 소리
대문짝을 흔드는 소리
오늘도 이토록 기난히 날은 저물어도
서럽도록 아쉬운 저녁

먼 데서 개가 짖는다
돌아오는 나그네는 누구인고
보채던 어린 것들도 이 야반의 깊이 속에
내일을 아롱진 꿈에 기대어 묻고 편안히 잠들어 있다

밀물과 썰물

풍선에 매달고 잠시 쉬어가기로 한다
사랑이라는 이름

정분 겨운
어느 화가의 그림처럼

유랑악단의 포장마차 끌며
손풍금 소리

둥둥 떠다니는 풍선에서 들리는
파도마저 바람난 아침

잠든 바닷바람 새벽을 일으키고
더불어 쉬어가기로 한다

함께 한 파도
도둑게의 집게발에 잡혀 잠든 사이

가슴에 품고 가던 연애에 눈먼 바다

말몰레기

제주 사람들은 언어장애인을 말몰레기라고 부릅니다

말몰레기는 울 줄조차 모른다는
이야기는 들은 적이 없습니다

말몰레기는
저주와 적개심과 증오와 원한을 먹고 사는 긍정의 철밥통이라고

용서와
화해와
사랑이 되다만
원통한 축복이라고

유성기에 매달아 놓은
끈질긴 주제라고
그러므로 솔직히 아름답게 슬프다고
슬퍼서 그립다고

그래서 말몰레기는 시인이 되고 말았다는 결론을 내린 적은 있습니다

왜가리

순이야, 영이야, 또 돌아가 남아[*]
가래를 뱉는다
가분수로 홀로된 왜가리 발가락에 매달려
갈색 떡버섯 허벅지에 끌려 온
순이야, 영이야, 또 돌아가 남아
건착선(巾着船) 쫓아 해넘이로 가버려
무료 배송된 고동색 음절은
바닷가 높은음자리에 잡혀
순이야, 영이야, 또 돌아가 남아
반나절 바친 순정
불쑥, 솟아오른 아침 해도
소리 지르면
수평선 멀리
순이야, 영이야, 또 돌아가 남아
엄마야!
엄지발가락이
퉤! 퉤!
한지 신발 한 짝에
순이야, 영이야, 또 돌아가 남아

  [*] 서정주의 「밀어」에서

풍경이 있던 자리

비워도 비워도 비워지지 않은 만성의 후각 장애들로
어둠을 감싸 안은 동굴은 빛을 갉아 먹고
적록을 상실한 색맹의 눈동자와
청각장애인의 음성을 지닌
풍경은 며칠째 그들만의 동굴에 갇혀있다
흘러내린 동굴 안의 벽화를 동굴 밖에서 그린다

치열하게 푸르다
저 동굴 마디마디
그래서 아프다

상상 그리기

 가슴 속 깊이 눌러 박힌 마른기침에서 가래를 떼어내기 위해 가지가지마다 더듬던 오른손이 하루해에 붙잡히고도 건너편 가지에 걸터앉아 눈웃음친다

 그 많던 부채꼴 모양의 하늘 숲 그곳에서 돌아가신 나의 어머님을 향한 목숨이라도 매달아 둘 거냐고 그냥 그 자리 눌러있어야만 하는 거냐고

 그만큼 높거나 길거나 오만가지 모습으로 흔들리는 나뭇잎의 세상은 온통 상상에 붙들려 내려올 수가 없다 너무도 예쁘고 찬란한 하늘의 나무 꼭대기까지 더듬고 더듬다

 눈을 감아서는 더더욱 안 되는 거냐고 늙은 소나무 가지에 매달려 가지치기를 한다 다음 단계의 가지 위 세상으로 달리기도 하고 뛰어오르기도 하다가 더 멀리 더 두껍게 두 걸음 세 걸음

 따라 내려온 별의 목교(木橋)를 타서 마지막 총총 어둠이 쌓이면 목숨 깊숙한 곳까지 자라선 안 되는 거냐고 물음표를 던진다

〉

　바람 이는 곳으로 손을 뻗고 있는데 상상의 날개로 욱신거리는 무릎관절로부터 서툰 돋음 발로 한 계단 바로 위 가지에 매달려 숨바꼭질도 하고 아니면 다섯 걸음 열 걸음까지도 옮겨가 볼 거다

　엄마 젖꼭지를 더듬던 손가락 마디마디까지 잘라낸다 왼손이 한 짓을 모르게 하라는 신의 뜻을 거역해가면서 저 하늘에 떠다니는 구름과 갈까마귀 떼들과 하릴없이 노 젓는 바다의 형상들마저도 안 돼? 안 돼? 안 돼?…???

소섬[*]

명치끝을 치고 올라온 물음표가
밀물에 밀려와
가슴앓이를 하고 나면
건너편 해 돋는 마을 자락 끝에 뜬
섬에선
호롱불만 한 별들로도 충분히 밝게 빛나
동네 병의원의 간판 불은
굳이 매달아 두지 않아도 되는 것을

그가 밝힌 저건 불이 아니겠지,
잠들지 말자는 양심이겠지,
행동이겠지,
해도 달도 더불어 정숙하자는 희망 섞인 눈물이겠지,
간절한 기도겠지,
보이다가 보이지 않다가 숨바꼭질로 숨 막히는 테왁[*]이겠지

밀물 되어 찾아온 난파선의 기호
하모!
탐라 여인이 쓴 바다의 시(詩)가 섬이 되었다는 걸 지금까진 몰랐던 거겠지

* 제주도 동쪽 끝 일출봉과 마주한 작은 섬 우도(牛島)의 별칭. 소의 머리를 닮았다고 해서 붙여진 이름
* 해녀가 물질할 때 의지하는 박으로 만든 부표 모양의 도구

구르마[*]

시골길
꽃마차 뒤를 쫓는 구름마저
덜컹거리며 구르고 구르고 구르다가
이제 그만 구르지 말자고
구르지 마! 소리 지르면
그래도 굴러가겠노라는

빈 하늘 끝
들 까마귀조차도
구르마! 구르마! 목청 찢다 떠나간 자리

구르마! 라고 중얼대며 구르마 한 대 굴러간다
아니야, 굴러선 안 돼!
아니야, 아니야, 그래도 구를 거야!!

할미꽃 고개 숙인 무덤가
강아지풀 한 가닥 분시(分數) 모르게 솟고
소싯적 내가 끌던 구르마 바퀴 한쪽
풀숲에 뒤엉켜 잠들어 있네

* 굴러가겠다는 의지 표현 혹은 '수레'의 방언

어느 선교사 이야기

 어느 선교사 부부의 인생을 읽다가 충남 최초 근대학교인 영명학교설립자를 알았다. 1906년 결혼 한 달 만인 24살의 나이로 입국한 한국명 '우이암'이라는 미국 선교사 부부다. 이 학교의 인재들 중에는 유관순 열사, 정치가 조병옥(趙炳玉), 소설가 방인근(方仁根) 등 한국 근현대사를 이끈 열기(列記)가 그 안에 있다. 그들에게는 1907년에 태어난 우광복이라는 이름의 아들도 있다.

 우리나라가 일제로부터 하루빨리 독립하기를 바라는 염원으로 지은 광복(光復)이라는 이름이다. 제주 섬에도 그 시기 태어나 바른길로만 가라는 뜻으로 붙여진 정도(正道)라는 이름의 뉘 집 아비도 있다

 광복되고 3년 지난 어느 날 바른길로 가기를 바랐던 그분은 제주 4·3때 바른길이 아닌 길을 택했던지 총 맞아 죽고 나라에 거듭 공을 세우라는 의미의 이름을 가진 그 아비의 아들 또한 이름값도 못 한 삶을 살며 팔십을 훌쩍 넘긴 오늘,

 부끄러운 마음으로 정원의 청솔가지 끝에 매달려 목을 맬까 하다가 웃자란 나뭇가지 하나 잘라내면서 내

안에 그릇된 양심의 가지에 칼을 댄다. 녹슨 지 오래되어 무디어진 칼끝은 욕이 마렵다

제2부 에토스

구월의 편지

행여 놓칠까 봐

외로운 쇠갈매기 편에도

슬째기 슬째기

보내드리렵니다

먼바다 서쪽 하늘 끝

뒷면 꼭지 글로 몰래몰래 적어 넣기도 하렵니다

꼭꼭 눌러 적어 붙이렵니다

그리움으로 매달린 통통배 한 척에

그래도 혹시 잊고 빠트릴라

구월의 제주 바다를 '그리움'이라 부른다고

구월의 제주 바다는 해질녘이 아름답다고

〉
사랑이라고

사랑이라는 안부를 적어

바르샤바로 가는 길

우리는 가시적 존재를 부정한다
검은 바위 끝으로부터 지목된 존재에 대해서도
괭이갈매기가 바다의 경계를 허물 듯이
괭이갈매기가 바다를 경계하듯이
괭이갈매기는 바다를 경계할 수밖에 없듯이
그러므로 우리는 바다를 떠날 수밖에 없다

날갯짓의 무게를 경계한다
무게의 흔들림을 경계한다
물그림자를 경계한다
바닷물은 밀려오기 위하여 존재하는 것
부정하지 말라는 바람의 속삭임에
섬이라는 이름으로 바람 부는 날

성마리아성당
소리의 존재를 경계하거나 부정한다
악령이 이끄는 도시의 시간은 저녁 여섯 시
어디서부터 비롯되고 무엇을 원하는 것인지
어떤 것이 허상인지 어떤 것이 실상인지
어제의 너와 오늘의 내가 같을 수 없는 것은
어차피 가벼울 거면 다시 돌아서 가면 되는 것

우리가 돌아오기 위해선 바르샤바로 가는 비행기를 타야만 한다

 우리들은 또다시 추락하기 위한 날개를 달아야 한다
 원죄로부터 따라온 본능의 부정들도
 잉카가 멸망했고 어둠이 멸망함에 따른 것일 뿐
 존재는 부재를 부정하지만 부재는 가볍다
 종이 울린다고 해서

 크라쿠프*
 태양의 나라가 멸망했고
 핏물만 아니었으면 좋겠어
 헤이날*을 연주하는 나팔 소리를 두려워할 필요는 없다
 흔들림의 소리를 경계한다

  * 아우슈비츠 유대인 수용소가 있는 폴란드의 옛 수도, 150만 명 유대인의 목숨을 앗아간 곳
  * 성마리아성당의 마지막 나팔수를 위해 연주하는 기도의 종

산 꿩

오승철을 생각하면 산 꿩이 생각납니다
더부룩한 머리숱에 숨어 살던
새끼 꿩이 생각납니다
그 새끼
꼬물대던 날 것
시어(詩語)되어 뒤뚱대던 모습이 생각납니다

어느새 그 새끼 꿩
장 꿩 되어
덤불 속 꿩 집을 그리워할 때면

하, 슬픈 푀미*마을 그 노래 몰래 엿듣다가
그만 나도 어쩌면
들불 번져
가시낭병* 걸린 동내
철없는 산 꿩일 거라 목을 놓다가

아니지, 아니지, 잘못되면
뉘 집
애비 없는 자식처럼 보일 수도 있다는 생각으로
슬쩍 미깡낭* 그늘로 잠행해 버린

꽁지 빠진 산 꿩의 노래를
다시 엿듣기로 하였습니다

* 시인 오승철이 태어난 고향 서귀포시 남원읍 위미리
* 귤나무

시비(詩碑)가 있는 공원

그 곁에 함께 박힌 돌덩이
그 생각이 아프다
그냥 둬도 아픈데 빗물에 씻겨 돋보이는 성가심이 더 아프다
또 어디에선가 끌에 찔려 아픈 사연으로 울까
비문을 새기며 칼을 댄 가슴이 아프다
비석에 새겨진 사연이 아프다
비석이 있는 바위산 골짜기 지날 때마다 나는 아프다
새겨진 글자를 씻어 내리는 빗물의 심정이
선지자의 이름들 사이로 흐르는 피의 글씨가
쇠칼 촉에 찔린 형제들이 피가 아프다
시비(詩碑)가 있는 공원 근처 호숫가 하늘도 속이 탄다
아름다움이라는 이름이 아프다
어디론가 실려 가는 사연이 아프다
어지러운 것들끼리 시비를 건다.
일렁이는 물결에 비친 구름이 어지러워 더욱 아프다

쓰레기소각장 근처

 비사(祕史)와 비사(飛史)로 통하는 죽음과 삶의 갈림길에서 불타다 남은 종이 한 장, 찢긴 들녘 풀잎들 사이에서 펄럭인다. 며칠째 굶은 걸까, 배고픔에 입술마저 탄다. 가난한 농부는 바람까지 마신다.

 손끝과 발끝에서도 느껴지던 가시나무 아픈 눈빛, 내 지혜가 존재하지 않은 피아노 건반 위에 가을 무덤을 파고 삼손의 머리카락으로 가을 산을 불태워 쇼팽은 녹턴을 연주한다.

 '망설이지 말라'고, '두려워하지도 말라'고, 언젠가는 또다시 잡혀가거나 끌려가거나 누구의 발끝에 밟혀 사라질지 모르지만 고비 고비마다 참고 살아온 우리들의 비사가 여기까지 이어져 온 것은 '이제 더 무엇을 기대하겠느냐'는 어눌한 수화(手話)인 것을

 유년의 마룻장 화롯가에 타던 불꽃이 다시 붙들려 어느 소각장 더미로 끌려가서 매운 연기로 타오르다가 덜 탄 종이쪽지에 옮겨붙는 순간을 지휘하는 그대는 이 시대 마지막 연주자.

응시(凝視)

 들고양이, 풀숲에 숨어있는 한 마리 생쥐를 응시한다 존재와 부재의 공간에서 바람과 풀잎마저 서로를 응시한다 멀리서 뭉크가 절규한다 바르샤바 역사 속 빛바랜 공원 벤치, 우크라이나 전쟁 기사가 있는 일간지 그림자 뒤로 그녀는 아직도 부챗살 마디마디를 다듬고 민중의 깃발 펄럭이는 음모와 계략은 풀숲의 존재를 굶주린 피맛처럼 즐긴다 고양이는 절박하다 한 종족이 무너지고 짓밟히고 물어뜯기는 생사의 갈림길에서 생쥐마저 절박하다 합죽선(合竹扇)에 갇힌 뭉크의 그림은 더욱더 절박하다 한 사내의 종아릴 타고 흐르는 보스턴 찰스강물의 마침표 그림을 읽는다 그림은 성가신 사내의 육성이다 찢어지다 남은 쪽지 위로 수많은 그림들은 기어 다니고 철 지난 사내의 마침표는 뼈의 마디마디에서 강물로 출렁인다 그녀는 합죽선을 접는다

거라
— 돌섬 아리랑

FM 음악방송이 끝날 무렵인 거라
굳어버린 철학인 거라

귀가 없어 마음 열린 사랑 그건 슬픔이 아닌 거라
그게 자유며 그게 사랑인 거라

그녀를 떠나보내고 난 다음 울지 않았던 거라
그렇지만 들리지 않은 소리 아무렴 들리지 않아도 되는 자유인 거라

바라보고 있는데 네 눈은 암흑인 거라
소리 지르는데 네 귀는 닫혀있는 거라
가슴은 뛰고 있는데 네 발은 묶여있는 거라
손은 흔들리는데 네 손은 굳어있는 거라

내게서 떨어져 나간 돌섬인 거라
눈물 같은 건 보여주지 않아도 된다는 거라

눈은 없어도 이별만은 할 수 있는 곱고 고운 미움
돌섬 주변을 못 떠나는 영등할망* 휘파람 소리인 거라
〉

마지막 신청곡은 예쁜 탁자 위의 소크라테스인 거라
목숨 건 절울음*인 거라
바닷가 하얀 집을 꿈꾸다 마주친 애인인 거라

삶의 진실과 가치의 충돌이 막창까지 몰려와 가슴 후비는 우리 누이 막춤인 거라
손발이 없어 가슴 닫힌 사람
영혼이 살아 있음은 갇혀있을 때 자유롭다는 의미인 거라

옛날 우리 집 상머슴 돌쇠가 두고 간 마음인 거라
우리 식구가 좋아하는 돌산 김치 장아찌와 된장국 그윽한 멸칫국과 미역무침에 취해 떠나가는 배를 연주하는 플루트 협주 오케스트라 교향악 뿔소라 울림의 앙상블인 거라

울다가 굳어버린 검은 털 솜방망이
울지는 못해도 소리 지를 수 있는 자유는 있다는 거라

자유라는 것은 참으로 편리한 거라
침묵인 거라

해바라기 눈뜬 벙어리 장님 바보 멍충이 손발 잘린 장님 마을의 외아들 증손자 카사블랑카
혼자 있다는 건 자유롭다는 거라

〉
 홀로된 나의 자유 외롭다는 건 마음껏 그리워할 수 있다는 증거인 거라

* 해상 안전과 풍요를 가져다주는 풍신(風神)
* 먼바다로부터 들리는 파도 소리

초자연주의

소괄호, 중괄호, 대괄호 다음으로 휘어진 굴렁쇠
구르다 멈춰버린 조각구름 사이로
각기 다른 코드의 물음표 또는 묶음표

숨기고 싶은 표정의
말,
말,
말,
제주 말을 끌고
내가 알고 있는 사투리 섞인 서울 사람 말들과
내게서 떠나버린 고삐 풀린 자유와
되돌리고 싶은
녹슨 계산대
위의 초자연적인 언어를 끌고 간다

얽히고설킨 줄기세포에 밑줄 친
가시나무 새 마지막 소절마저
녹슨 소달구지에 이끌려
덜컹대며 굴러간다
바다는 온통 회색빛

소리 질러!

 그 무더운 여름 어느 날, 예고 없는 태풍이 몰아치던 날, 창밖은 온통 바람과 비와 눈물이며 고독이다 이런 걸 아름다움이라고 한다면 맞아 죽을 짓이다 그러나 우리들의 여름은 곧잘 이런 짓을 하다가 매를 맞는다 이렇게 아름다운 비와 바람의 고독을 본 적이 없어서다

 비바람 속에선 아무것도 들리지 않는다 오로지 천둥과 번개만이 그의 고독을 외칠 뿐이다 그래서 두렵고 괴롭다 그냥 바라볼 수밖에 없는 고독은 두려운 이방인이다 이방인에겐 눈물이 필요하다 눈물만큼 용기도 필요하다 용기만큼 절규도 필요하다

 누구든 그에게 말을 걸어주지 않으면 더 미쳐 날뛸 것만 같아서 창을 열고 그에게 말을 걸어야 한다 언제까지나 어둠 속에 갇혀 있을 수는 없다 문제가 풀릴 때까지 닫힌 문을 열어둬야 한다 열린 창으로 비바람이 들이치는 것은 원성이 풀리지 않은 날것들의 아픔이다

 보이지 않고 풀리지 않은 양심의 두께만큼 하늘도 눈이 어두운지 두려워한다 그래서 소리쳐 그의 양심을 꺼내 보이려 한다 잠시 창과 담벼락 사이에는 물음표가

찍힌다 더불어 양심도 찍힌다 이렇게 시원한 걸, 이렇게 달콤한 걸, 이렇게 자랑스러운 걸, 열심히 창을 열고 마음으로 바라보면서 소리쳐 울 때가 그것이 깨달음이라는 걸 느낄 때다 그것이 아름다움이라는 걸 눈으로 확인하게 될 때다 그다음의 소리엔 귀를 닫아도 좋다

  한여름의 정열에 빛나는 눈, 살아있는 양심마저 어둠 앞에선 무한대로 갇혀 있어야 한다는 어느 유명 교수의 어둠에 관한 강의를 경청해본 적이 있는가

  닫혀있는 곳에선 증오마저 철저한 철학이다 기울기로 버티고 선 마지막 천둥이다 아가페로 흐르는 기막힌 눈물이다 형해(形骸)로 숨어버린 모래밭이다 그들이 밟고 간 마지막 발봉오지다 1940년대 여름날이다 잊혀진 계절이다 석별을 달래던 눈물겨운 호소다 그러면 소리 질러! 제주 성산포에서, 잎마른 바닷가 순비기 꽃밭으로, 오장을 긁어내어 그 여름을 불러내 봐!

겨울 철새의 오브제

간헐적으로 부는 바람의 몸부림
건착선(巾着船) 발동 소리마저
먼먼 바다 끝으로 끌려간 계절

겨울은 겨울대로 추위를 안고 있어야 한다는 것도
철새와 함께 비상해야 한다는 것도

깨달음이 없으면
아무것도 취할 수 없다는 양심을
그들의 언어를, 철학을, 사상을 모른다 나는

다음 계절의 선창에 주저앉아 있다

맞은편 돌섬에 무리 지어
날던 날개 접힌 풍경만 바라보며
북해를 향한
그 겨울의 일탈

남쪽을 향해 떼 지어 앉은 겨울 바다 철새
접은 날개 속에 감춰진 사상이 무언지도 모른 채
〉

히브리어로 불러대던 그들의 아리아가
통속적 언어로

바람 일고 파도치고
북풍과 마주해서
삶과 죽음의 이야기에 취해

혹은
그대의 그림자와

바다 숭어의 기도

튀어 오를 수밖에 없는 그리움
저녁노을에 비친 마지막 속내,
장대 끝에 걸린 해와 달로 뜨게 하렵니다

이제
여기까지 온 것도 모자라
앞이 캄캄해서
뼛속까지 사무쳐서
보이지 않아서
바람의 소리로 구름처럼 흐르게 하렵니다

바다 깊이 드리워진
물수리 발톱에 빼앗긴 내장마저
목숨 걸고 튀어 오르지만
망사 그물 몇 가닥 붙잡고
도마 위로 번득이는 날 선 칼질로 뒤집어 놓고

눈먼 겨울 바다 숭어
나의 사랑
나의 믿음 모든 것
그대의 몸짓,

그대 향한 한 폭 그림 되어
그대 손짓,
그대 눈빛마저도 보이지 않아

아시아의 소

고약한 냄새에 들소들이 배설하오
달구지엔 아시아의 향기가 실려 있소
들소의 두 뿔에 아시아가 묶여있소
떠날 때 떠나더라도
배고픈 아시아가 추위에 떨고 있소
배설된 냄새가 비염을 불러오오
비염에서 완치되려면 우리의 시간도 아직은 필요하오
새싹을 위해선 누구든 그러하오
땅을 갈고, 비염 걸린 들소는 땅에 코를 묻으려 하오
아시아는 숨을 쉬고 들소는 냄새를 맡으오
숨을 쉬지만 코 막힌 들소는 향기를 상실하오
겨울만큼 그리움의 추위도 떠날 채비를 한다 하오
아시아의 눈, 아시아의 입, 아시아의 염치없는 손과 발이 그러하오 아시아의 소는 코뿔소가 아니라서 그러하오

소들은 아시아를 떠날 수 없다 하오
아시아의 향기가 땅에 묻히오
코 막힌 들소가 달구지를 끌고 가오

다시 가다 돌아서 다가가다

세면을 하다가
대야에 비친 물그림자를 보다가
더러워진 물그림자에 비누칠도 하고
비눗물에 미끄러지는 나를 돌아보기도 하다가
미끄러지지 않으려 나를 붙잡던 당신을 보다가
미끄러지지 않던 날이 몇 번이었던가를 되묻다가
거품 물고 달려드는 다른 세상을 향해
톡 튀어나온 잘못된 비눗방울로
윗입술과 아랫입술의 토라져 버린 그림자를
씁쓸하게 씻어내다가
쓸쓸하게 벗겨진 뒤통수에 참빗을 댑니다
아주 멀리서 웃고 있는 당신이 분꽃처럼 예쁩니다

명도암 가는 길

명도암* 그곳에 가고 싶다
가서 네가 왜 여기까지 왔느냐고
홀로 왜 여기 서서 철 늦은 사랑싸움 하느냐고
하모, 누군들 외로울 줄 모른다더냐고

동지섣달 눈 쌓인 밤길 따라
진달래 산딸기 봄 춘향까지도
아라리요 화답하는 아리랑 고갯길

울고 넘던 박달재보다 더 슬픈
미아리 고갯길
넘어 넘어오던 피난길
건너건너 물 건너 바람 건너와서 머무른
제주도 한라산 고갯길

산 꿩
뻐꾸기마저도
총바치와 함께
어깨춤으로 넘고 넘던 그 길

오늘은 눈 크게 부릅뜨지 않아도 될 것 같아

먼저 온 명도암 고갯길이 길섶으로 눕는다

* 제주 유림 조종 김진용 선생의 호, 선생의 위패가 봉안됐던 한라산 근처 제주시 봉개동 중산간 마을

젖은 우산 속 비는 내리고

비,가 오는데 비,가 오는데 다시 비,가 오는데 하면 그 비,는 내릴 수밖에 없는 비,가 내리는데 비,가 내리는데 또다시 비,가 내리는데 하면 처음부터 우리는 우산을 챙겼어야 한다

처음은 안개였던 비,가 가랑,비였다가 호랑이 장가가는 소낙,비 이어서 장맛비,가 되든 말든 겉옷 정도는 젖어도 좋다는 생각은 했어야 함에도 비,로 인해 젖은 슬픔은 처음부터 나의 잘못된 판단이었어야 한다

오던 비,가 계속 내린다 내리던 비,가 쏟아진다 비,에 젖은 슬픔도 쏟아진다 쏟아지다 남은 슬픔이 비,와 함께 계속해서 내릴지라도 소나기는 아닐 거라는 기대 역시 잘못된 판단이어야 한다

비,가 내리지 않았으면 비,는 이제 그만 내려주었으면 하는 지극한 소망에도 비,는 그렇게 내릴 것이고 지나간 것은 지나간 대로 다시 또 지나갈 것이라는 생각의 작은 우산 하나쯤은 펼쳐놓아야 한다

비, 비, 비가 계속해서 내릴 수밖에 없는 비,의 하루가 간절한 우산 속에 젖고 있다

카사블랑카

가슴 아픈 줄도 모르고
눈뜬장님 마을

눈이 먼 아이 꿈속에선
돌섬만 동동동동 맴도는 섬마을

두고 떠날 수밖에 없는
바닷가 하얀 집을 꿈꾼다

바보 멍청이들
아무 곳도 가고 싶지 않으려는

아무 곳도 가지 않으려는
아무 곳도 갈 수 없다는

어쩌면 알고 있을지는 모르지만
언덕 위의 하얀 집 바닷가

카사블랑카
카사블랑카
〉

해바라기
테왁*하나
혼자 잠들다

* 제주 해녀들이 바다 작업할 때 의지하는 튜브 같은 도구

제3부 파토스

종이배
— 4월의 노래

하얀 종이배
푸른 하늘에 날개 접은 종이학 되어
파도를 만나도 넘어지지 않은
재미있게 다가가서 너와 나 함께 놀아주면 또 어떤가

주름진 골골마다 쌓인 낙엽이 묵언일지라도
좋구나, 그 종이배
종이배를 띄우자
이왕에 출렁일 거라면
우리나라 만만세 정도는 펼칠 줄 아는 종이배

우리가 펼쳐놓은 하얀 도화지 위로
아이야!
아이야!
얼씨구!
아이들과 함께
아이들 앞에서

사랑만큼이나 따뜻한 연못 위에 띄워놓은
비록 아이들 손에 낀 마른 이끼 세월 따라
별빛 같은 달빛으로

바람맞은 종이배
바람 불어도 흔들리지 않은
두둥실 떠다니는 너와 나의 가슴 속

더덩실 좋구나!
달빛 같은 별빛으로
눈꺼풀 주름으로 출렁거릴지라도
꿈도 꾸고 춤도 추고
건너편 포구에 버려진 주낙배면 어떤가
휘날리는 태극기 깃발 펄럭이는

어느 쇠테우리의 일기
— 4월의 노래

 어렸을 때 글공부를 잘 못 해 소와 말을 몰고 초록 풀밭을 찾아다니며 즐기던 땅따먹기 놀이, 머리 좋은 말들은 달리기를 잘해서 이웃 동네 잘 익은 곡식밭으로 훌쩍 튀어들었지, 여문 곡식과 덜 여문 곡식으로 재빠르게 배불리다가 남은 곡식 책 보따리에 싸 들고 학교 운동장 달리듯 먼 산 향해 돌고 도는 달리기를 했지, 눈치 못 챈 우리 집 밭갈쇠* 초록 풀밭조차도 구분하지 못하는 바보 멍충이, 해종일 허기진 배만 매달고 땅바닥에 주저앉아 하늘천따지만 해댔지, 어쩌나 이웃집 밭곡식 훔쳐 먹고 멀리 튄 그 녀석 먼 산꼭대기에 올라 하늘천 바라보며 푸른 하늘 은하수 노래 부르던 그 녀석, 기억 속 그때 그곳에 녀석은 없고 잊힌 그 자리 제주 4월의 초원 푸른 하늘 은하수는 뉘 집 이름 모를 작은 무덤 위에 핀 앉은뱅이 유채꽃으로 피어 뜻 모를 언어로 쇠테우리* 일기를 쓰네

* 밭갈이 소
* 소를 모는 목동

편지
― 성산포 터진목에서 띄우는 노래

봄이 깊을수록 마음의 울타리에 산딸기 익어
아마도 그러면 세상천지 벚꽃 만개할 거라

그리움을 잎에 말아
음력 팔월 대보름달로 보내드린다면
꿈꾸듯 모두를 사랑할 거라

꿩바치 총소리에 숨어 살던 새끼 꿩도
누릇한 보리 덤불 속을 헤쳐 나올 거라

우리의 시간도
그쯤이면 더욱 기름질 거라

천지사방 온 누리에 겨울이 온다고 한들
우리들 마음속은 하얀 달빛으로 따뜻할 거라

꽃눈 송이송이 그대 창에 매달아
밝고 맑은 아침 되게 한다면
다투던 사람들은 화해하며 서로를 부둥켜안을 거라

때맞춰 우리들 마음도 활짝 열릴 거라

모든 세상이 그리될 거라

아릿한 봄의 마지막을 뜨거운 가슴으로 마주한 제주

문득 가을빛 물든 오메기떡 생각이 나서
한걸음에 달려가도 모자랄 마음이지만
시집보낸 말잿년 집 첫 방문이라
여름내 나누지 못한 달달한 한숨을 따서
우리가 넘었던 보리 고갯길도 건너면

어느새 눈물샘 고인 깊은 밤도
차디찬 가을비 헤집으며 달려올 거라

쫄쫄쫄 엄마 쫓아
춘삼월 지난 사월도 건너뛰어
11월은 더욱 그러할 거라

톱니바퀴에 물린 시간일지라도
그때는 분명 그러할 거라

성산포 터진목 가을 해도
시간 맞춰 촘촘히 따뜻할 거라

하! 아프다
― 4월의 노래

 아프다. 사지가, 허리가, 가슴이 아프고 마음마저 아프다 음악에 취해서 조용조용히 눈물만큼 아프다 안단테는 안단테대로 흐르다가 흐느끼는 안단테 때문에 더 저리고 아프다 적어도 연주는 빠른 곡이 좋다는데 빠르게 더 빠르게 연주하던 프레~스티시~모! 달리면 달릴수록 더 아프다, 달리다가 지치면 한 옥타브 내려놔도 되는 것을, 느리면 넘어질까 봐 더 세게 페달을 밟던 프레~스티시모~야!

 "내가 요새 산뽕* 제대로 맞았어. 그래서 어제 모처럼 새로 장만한 풀샥 자전거를 가지고 산에 갔었어, 싱글 타다 길을 잃어 계속 끌바, 멜바만 하다가 왔어. 힘들더군. 아무래도 엔진이 부실했던가 봐. 차라리 그냥 한강에서 샤방샤방 피 빨기나 하면서 타고 노는 건데."

 바퀴가 돌만큼 체인 휠도 돌아 톱니바퀴마저도 피곤했던 거야, 조금은 놓아주었어야 하는 건데 너무 급히 달려왔나 봐, 빠르면 빠를수록 덜 아플 줄 알았는데, 빨리 가야 벚꽃 구경도 할 수 있을 것 같았는데, 방에 갇힌 봄바람도 창 걷어차며 나오려 하는데 덜컹거리기까지 하면서 달리고 달려서 여기까지 왔던 거야

늦는 줄 알았으면 마중이라도 했을 텐데 어차피 그 벚꽃 지고 말 것을 절그렁대는 바퀴 소리가 아프다 톱니 바퀴에 찔린 체인이 아프다 찔린 만큼 오만 곳이 다 아프다 여기까지 우릴 데리고 오신다고 관절뼈에 기름마저 말라버린 우리들 고향 어머님 가래 끓는 소리가 하~아! 아프다

* 산뽕: 등산 즐기기

박꽃 · 2

호박넝쿨도 내려와 있어
타고 오르려나 봐

창 열고 손짓하려 해
저 박꽃 잎에 숨은 그림자

저 개똥이!
울타리도 몰래 넘어

요즘 아이들
왜 저리 예쁜지 몰라

연지곤지도 찍어 발랐어
얼굴에는 분도 바르고

아니야! 아니야!
미쳤나 봐,

담벼락을 기어오르려 하고 있어
달빛도 가슴 떨리나 봐,
〉

날이 밝는 날이면 밝혀지지 않을까
그 집 작은아이 방 있는

그 집 계집아이 먼저
건넛집 담장을 넘보는 것 봐

호찌민 부루[*]

외과 의사가 칼을 든다
몇 조각인지 헤아릴 수 없는 뼛조각들이 잘려 나간다
잘려 나간 물음표들이 흩어진다
그림자라 부르는 부정의 칼끝이 자꾸만 무디어진다
잘려 나간 빈자리
돌아누울 수 없도록 무궁화꽃이 진다
이별의 눈물이 너덜너덜한 실밥으로 감춰졌다 떨어진다
만나고 싶은 사람이 있으면 떠나야겠지
쏘아 올린 이별의 파편도 굴절되어 삼각 다리 밑으로 떨어지겠지
떨어져 나간 그곳으로 봉함된 건 오로지 간절함뿐
이제 완성되나보다 싶으면 솔직히 떠나야 하는 것
네가 늘어놓은 수술대 위의 칼과,
꽉 다문 어금니와
잊히다 남은 너와 나의 수다스런 상처는
사이공 강변으로 떨어져 흩어지다가
돌아누울수록 무궁화꽃은 피고
이별의 눈물은 너덜한 실밥으로 감춰졌다 떨어진다

[*] 단군의 아들이며 하백의 딸과 혼인하여 낳은 아들 (단군기와 제왕운기)

주제를 상실한 물수리의 고독

주제를 상실한 날개 접었습니다

상처가 사랑이란 걸

흩어져 버린 흔적

너무 외로워

물보라마저

그것이 상처란 걸

깨닫기도 전에

길 따라 홀로

걸었습니다

오조리 노래 · 2

친구야! 저 옴팡진 바닷가 작은 마을엔
누가누가 사는지 자네는 아는가

아마도, 아마도, 그곳엔 말이지
수천수만의 나무와 숲이
오름과 오름들이

타다 남은 숯덩이와 굳은 돌덩이들이
구르다 구르다가 부서져 조각난 양심들이
뒤돌아 가슴 조이며 바라보는 물결들이
속 터져 가루가 되다만 모래알들이

흩어지다 아쉬워
촘촘히 박힌 조약돌 사이로
우리가 모르는 로맨스를 즐기고 있을지도 몰라

아니면 뜻 모를 손짓으로
누군가의 안부를 묻고 있거나
그것도 아니면
그대의 마음 한구석에 자리한 부처님
〉

봐도 못 본 척 돌아서 앉은 바오름*일 수도 있어

속내 모를 미움과 미움들을 몰래몰래 걸러내며
자박자박 목숨 걸며 숨어 사는 높새바람일지도 몰라

* 오조리 마을을 상징하는 뒷동산 오름

추억의 솔렌자라 *Solenzara*

 어젯밤 산책길엔 까만 가마우지 한 마리를 만났네 녀석은 바닷가 바위 끝에 앉아 있었네 놀란 가마우지 날개 펼쳐 떠나려다 그냥 차라리 까맣게 날개 접고 말았네 바위도 가마우지도 까맣고 까매서 눈앞에 보이는 건 모두가 까만 것뿐이었네 오던 길에 잠깐 돌아본 내 모습도 그새 까맣게 물들어 있었네 젊은 연인 한 쌍이 스쳐지나가고 있었네 콧노래를 부르네 '추억의 솔렌자라'

밤 배를 탄 열차

 그대 마중하던 철로 실선 하나에 목매달아 붕붕거리다가 하염없이 이별하는 눈길 차츰 멀어진다

 내 기억의 밤 배 타고 떠난 열차 뒷자리 낡은 바퀴 한쪽 바위틈에 끼여 흐느끼다 지쳐 배를 놓친 쿠바의 하바나마저도

 마음은 제주 성산포 오조리에 있어 오케스트레이션 하모니로 몰려오다 영영 돌아오지 않은 소섬 도댓불 물끄럼한 영혼

 약속된 시간만 총총대는 여덟 시

 여름이면 다시 돌아오겠노라는 샹송 멜로디는 코르시카섬 해변으로 흐르다가 지중해 연안에서 자욱하게 사라진 제주섬 밤 여덟 시

 열차는 밤 배를 타서 떠나고

 포근한 봄날이지만 일교차가 심해 밤 기온이 뚝 떨어진다며 감기 조심하라는 북아프리카의 기온

 약속된 시간만 총총대는 여덟 시

잊혀진 토요일 오후 일기

 건들거려도 좋아요 고속으로 질주하는 오토바이 한 대, 나무들은 참 좋겠네요 나무의 시간을 먹고 자란 숲은 살짝 왈츠풍의 콧노래만 부르면 되니까요

 나비가 날 듯 그림 펼친 시간을 향해 누군가 놓고 떠난 토요일엔 시계탑도 흔들리니까요 누군가 숨겨놓은 멜로디 살짝 꺼내 들으면 빠른 템포는 부작용이 없어요

 빨간 불이잖아요 신호가 바뀌었어요 아무나 그 시간을 맞출 수는 없겠지만 앉아서도 누워 있는 콧노래에 그림도 그리고 시도 쓰고 사랑싸움도 하다가 건들건들 바람피울 때도 있으니까요

 오늘도 황홀한 왈츠풍의 콧노래를 부릅니다 청량감의 오후가 무너질 뻔했던 그 길 토요일은 모든 걸 잊고 사니까요 하마터면 하마터면, 토요일이 아니었으면, 하이든이 일러둔 첫 번째 악장, 토요일이니까요

오조리에선 누구나
아그네스 발차의 노래를 부른다

기적소리조차 들리지 않을 만큼,
기차마저 굵은 동아줄에 포승 당한 마지막 수용소
너무 맑아 보이지 않을 만큼,
사랑이라는 이름으로 흐느끼며 떠나네

멀고 먼 섬나라
빨간 열매 달린 밤 배 멜로디를
꿈의 바이올린으로 켜며,
꿈결처럼 아름답게,

바닷가에신 저녁 하늘도 흐느끼듯
은하수를 어루만지다 춤을 추네,

발을 대면 미끄러질 것만 같아
물끄러미 내려다보기만 해도 눈물 맑은 오조리*
세상에서 가장 아름다운 오케스트레이션 아니면
아그네스 발차의 이별 열차를 타고
클래식하게
아리랑 노래 부르네
〉

오래전
바오름* 푸르른 산에 올라
걷어 말린 솔잎이고 진 그녀마저,
허리 휜 마을 바닷가 오솔길 타고
샹송칸초네
제주도 성산포 트럭에 이끌려서 떠난 레지스탕스,
기차는 8시에 떠나네*

춤추다 떠나네
크레타섬, 로도스섬,
산토리니섬도 아닌 그대 그리운 섬,
탱고 춤을 추면서 비밀을 품은 뜨거운 태양을 향해 떠나네,
헬라 신이 머물다간 추억의 발칸반도 남쪽 끝
오늘도 기차는 8시에 떠나네

* '4·3 사건' 때 많은 양민이 학살당한 마을
* 그리스의 '아리랑'
* 오조리마을 뒷산

봄비 갠 날이면

오늘은 비 개려나 그러면 벚꽃도 만개하겠지
때맞춰 우리들 마음도 활짝 열리겠지
용서하고 사랑하겠지
꿈꾸듯 모두를 그리워하겠지

남들은 벚꽃 따라 봄바람 날리는데
걸그렁 걸그렁
아직도 열리지 않은 창

어쩌면
그 문 틈새로 살짝 스며드는 봄 향기 있어
좋아라하시는
건넛방
백수(白壽)를 넘기신 부처님 가래 끓던 목청이
봄노래보다 곱다

일출봉에 해 뜨거든
— 미키스 테오도라키스의 아리랑

(레지스탕스 청년과 그의 연인은 카테리니 행 기차를 타기로 약속했지. 그들이 함께 떠나기로 한 11월의 어느 날, 만나기로 한 기차역에 사랑하는 청년을 여인은 기다리지, 출발할 기차 시간은 다가오고 그러나 청년은 끝내 나타나지 않았지, 비통한 심경의 여인은 혼자 기차에 오르지. 홀로 떠나는 여인의 모습을 숨어서 지켜보는 청년, 억압받는 민중을 외면 못한 청년, 카테리니 행 기차에 차마 오를 수 없는 그는 그래서 홀로 노래 부르지 '기차는 8시에 떠나네')

누가
이 길을
찾아 나서라 했을까

이 길 따라가면
구할 수 있다 했을까
가다가 엎드리면 얻을 수 있다 했을까

어두운 밤길
찾으며 물으며
산길 물길 헤쳐 여기까지 왔구나

이제 저 돌다리 하나
조심스레 건너면 '앞바르 터진목 모래밭'*
그립던 그대 뜨거운 손 맞잡을 수 있겠지

아니지, 더는 욕심내지 말기야
여기서 우리 서로 바라보는 것만으로도
그 모든 것 맺고 이룬 것이거늘…
그대 향한 새벽 횃불 저렇게 붉게 타고 있는데
열렬히 열렬히 마중하는 여인
그 멀고 먼 길 찾아 물어물어 아침 해
목숨 걸고 여기까지 왔음을…

* Mikis Theodorakis : 그리스 혁명 투사이자 작곡가 '기차는 8시에 떠나네'
* 제주 성산포 4·3 학살터

냉동 갈치

 누군가 들여보낸 시간이 덜 풀린 드럼통 기억을 소환한다

 어느 가난한 어부의 휘파람 소리만 아니었어도
 나는 그들의 대화에 끼어들진 않았을 것을
 구수한 된장 맛에 토막 난 갈칫국 한 사발,
 되지 않을 약속에 입맛 다시진 않았을 것을

 드럼통을 빠져나온 순간,
 내 눈도 풀려
 남들처럼 변하진 않을 거라는 가벼운 생각은
 예리한 칼끝에 떨어져 나간다

 거북이 등짝 닮은 믿음의 시간과
 거품 뜬 줄 모른 막걸릿잔에 멀미 끼마저 풀려
 너덜너덜한 웃음 웃는 내 모습은 가볍게 손질되어
 멀리멀리 떨어져 나가고

 올가을 우리 집 큰 년,
 분홍 치마저고리 받쳐 입고 시집가는 줄도 모르고
 누군가 들여보낸 덜 풀린 시간과 해후하며
 아주 보편적인 순수와 혼인한다

태풍 지난 자리

 가슴에 머물던 어제는 사랑의 언어처럼 떠나가 버렸습니다
 그리움이 크면 곪은 사랑도 터지나 봅니다.
 당신의 가슴 속으로 사라져버렸습니다

 비바람에 주저앉아 목 놓아 울다가
 상처 입은 번개와 천둥은 당신을 위한 죽음과 함께 몰고 오다가
 새로운 계절로 단장해서 돌아오는 계절이라고
 오늘 아침도 번개와 천둥은 그렇게 소리쳐 울었습니다

 우리들이 목마른 그리움 속에서 폭발하고 말 거라는
 이별은 또 다른 만남의 약속이라는 목마름의 아우성
 이별이 깊을수록 이별이 아니라고 말을 합니다

 이별을 우리들의 시간 속에 두면 안 된다는 언약
 조금 있으면 흔적 없이 지워져 버릴 지금에 관해서 생각해볼 차례입니다

 지난여름이 그랬듯이 비바람 몰아칠 때 천둥 번개도 함께 울어 터졌습니다

제4부 로고스

출애굽기

작디작은 고둥 한 마리 몸을 숨긴다
창세기 이전부터
썰물로 씻겨나간 바다와 바위 사이에는
밀물과 썰물의 역사가 있고
파도 소릴 먹고 사는 바위에는 정적이 돈다

그때 당신이 나에게 말했다
'당신을 사랑해요'
'당신이 필요해요'

당신의 말씀이 필요하다고
닻 걷어 올린 이별은
밀물 되어 돌아온다는 말씀으로 기억되어
북을 치며 달려드는 파도 소리도
오늘따라 조용히 썰물에 몸을 푼다

작디작은 고둥 한 마리
깊숙한 바위틈에서
진군의 나팔 소리도 아닌 철모 쓴 군인들의 군홧발 소리에 산을 찾아 기어든
출애굽기 혹은 이별

산

가랑비처럼 울다가
검은 리본 달고
구름이 내려와 산이란 산들을 감싸고 돈다

눈물 속에 조용조용히 숨겨두려 한다
뉘 집 묫(墓)자리
두꺼운 장막(帳幕)에 가려 있는 그리움
두려움을 감싸고
무엇을 숨기려 하는 걸까

저기,
안개 자욱한 산
안개처럼 품에 품다가
어둠을 감싸고
외로움과 슬픔까지도 감싸 안아
장대비처럼 목 놓아 울던 소리마저 감싸 안는다

늑대의 별자리

그제서야 눈을 뜬다
길 잃은 별의 과거가 바스락거림에 놀라 잠을 깬 박쥐의 지린 자리는 밤의 화초가 자라고 마리화나도 피어 별빛 속에서 빛난다

숨겨놓은 별에게로
스스로가 잠행하더니
어느 가난한 농부의 감자와 고구마밭으로
수천수만 별의 세계에서 거룩하게 빛난다

어둠의 별들을 폭식한 태양
언제부턴가 한낮을 달구넌 태양
제주 4월 하늘은 그래서 눈물이 뜨겁다

쫓기던 어둠은 결국 동굴 속을 헤매고
퀴퀴한 잠 속에서도 밤을 키워
한 마리 늑대에게 인도된다

비탈은 껴안고 가는 곳

  간밤 무슨 일이 있었냐고 건물이 흔들리고 나무가 흔들리고 그 일과 내가 무슨 상관이냐고
  내 안에 억류됐던 골목길도 다툼으로 허물어져 늦은 저녁 시간까지 이 거리는 한참 흔들렸다

  멀리 아침 안개 자욱한 들녘 병 굽에 남아있는 '한라산 소주'도 흔들려 비탈진 언덕 사랑이 흔들렸다

  산의 기울기로 갇혀있는 오름과 오름들이 산이 보이는 거리에서 새벽잠 덜 깬 오름들의 속내가 불편해서 시비 아닌 시비로 안개 낀 산길을 내려온다

  시청에서 나온 청소부들 하얗게 웃고 있다 안개 속에 묶어 둘 만큼 가슴 아픈 사연이더냐고 어지러운 골목을 향해 손짓한다 조그만 가게 앞에 모로 누어 코를 곤다 지난밤의 흔적이 손끝에서 붉다

풍경과 풍경 사이

포구의 풍경·하나

마주 보고 있는 나를
잔물결이 출렁거리고
찢어 발라놓고 건들거리다가 떠난 자리

또 다른 풍경·둘

눈 껌벅거리며
맞은편 풍경과 눈이 맞아
소리소문없이 시리져 버린
풍경과 풍경 사이로 잠 못 이루는 등댓불

풍경·셋

 멀뚱거리다가 바위가 되고 만 발동선에 매달려 이별가 대신 걷어 올린 이물 닻에 걸린 말잿놈

마지막·풍경

불러도 대답 없는
삼촌!
어드레 감수꽈?*
고요하게 숨진 파도 따라
뒷동산 애기봉분 곁으로 찾아가 눕는다

* 어디로 가십니까

파시(罷市)

건너편 집 커튼이 열린 창틈을 기웃거린다

꽃의 유혹에 못이긴 걸까

덩실 더덩실

동내 삼촌이 내민 찢어진 지폐와

마른 풀잎과 잡동사니 풀꽃들 사이를 가로질러

만성의 굿판 벌인다

먼 동내 소식까지 비닐봉지 하나 가득 퍼 나른다

멈칫멈칫 열린 창의 하루가 멀쩡히 닫힌다

비염을 앓고 있는 콧등에서도

상징주의 몸짓이 남긴 마지막 하루

색맹의 눈썰미로 이끌리는 장난기 어린 바람에

〉
역류성 위염을 앓고 있는 뒷집아주머니

정리 덜 된 모더니즘 셈법이 열을 낸다

추사의 그림마저 헛것처럼 보이는 시골 마을 오일장

하루의 일과를 완벽하게 환산할 무렵

홀로 된 몸빼바지 주머니

가을 바다

가을 바다는 그림쟁이다
당신의 선 선 선 선한 지문들
무엇이든 그린다

바다의 이별을
쉼표 몇
어린이 동화책 속
오고 가며 색칠한다

이고 지고 끌고 가다가 놓친
이별의 찬란함을
잠시 쉬었다 날아가는 상현달 그림자에 찍힌

제주의 여인들
점
  점
    점
점으로 남아

비틀거리는 '시(詩)'
— 미국 사는 장손에게 띄우는 편지

정원에 덜 자란 나무 한 그루 흔들리고 있어
힘이 없나 봐 바람 때문인지도 몰라

건너편 길가 중늙은이 걷는 게 어쩐지 불편해 보여
나이 탓이거나 술에 취해 있음인 거야

그 사이를 우편 배달 오토바이 한 대 빠르게 지나갔어
대청마루에 던져진 편지 한 통, 미국에서 홀로 사는 장손으로부터 붙여온 편지였어

미국 여자아이와 함께 살겠다는 건지
그 여자아이와 혼인하겠다는 건지

삐뚤거려서 잘 안 보여
미국 글이라서 그런가 봐

내가 쓴 시(詩)도 덩달아 비틀거려
문법(文法)이 틀렸나 봐
모든 게 그렇게 되는 건가 봐

월광 소나타

-1
겨울 바다는 아침 일찍 눈을 뜹니다
귀마저 닫혀
눈먼 숭어를 잉태합니다
늦은 저녁 그 겨울 바다
어느새 귓전으로 다가와
아름다운 세상 이야기 들려줍니다 하지만
이별의 노래는 듣지 못합니다
파들파들 떨고 있습니다
태아가 위벽을 발길질할 때 듣던
클래식한 달빛 소나타, 출산의 찬가

-2
기도 소리 간절합니다
꿈에 취해 놓쳐버린 호수의 밀물에
꿈을 꾸던 은빛 숭어
눈마저 멀어버린 겨울 숭어
닫혀버린 수문에 갇히고
숨 고르기 하는 계절 숭어
어쩌면 좋을까
여름은 가고

외로운 갈대숲
이승과 저승 사이에서
저승의 노래를 듣고 싶다는

아돌프에 관한 연구
— 4월의 노래

 나는 아돌프에 관해서 잘 모른다 그래서 열어놓은 세계사를 덮는다 그제야 어둠에 갇힌 눈이 풀린다 조금은 끈적거리는 사마리아인까지도 꺼내 본다 참으로 다양한 이름의 아돌프가 동사로 일어나 눈부신 대명사에서 자잘한 부사로 부서진다 그사이 사이에 흐릿하게 호명하는 형용사까지 끼어든다
 아돌프가 아돌프를 낳고 철학자를 낳고 신학자를 낳고 교수를 낳고 예술가를 낳고 운동선수를 낳고 그들의 어버이가 어버이의 아이들을 낳고 다시 아돌프가 태어나고 그들의 창세기는 어디에서 비롯된 것인가를 연구하다가 그 뒤편에 숨겨져 있는 한국사를 덮는다
 아지 못할 이름이 새겨진 무덤들을 발견한다 사마리아인과 유대인의 반목과 그들의 반목 사이에서 태어난 순수성의 잘못된 이름들, 사마리아인의 대명사는 아돌프 히틀러가 아니었다는 것도, 뛰어난 웅변술과 감각의 소유자는 모든 아돌프에게 붙는 형용사가 아니어서 그랬다는 것도

자전거
— 4월의 노래

귀 기울이면
그것이 믿음이란 걸 알려주면 안 됐을까
그것이 희망이란 걸 알려주면 안 됐을까
날 선 새벽닭울음 소리 들릴 때

눈 못 붙여 새벽잠 깬 자전거 뒷바퀴 덜커덩거림이 누군가에 못다 한 사연 있음인 것을, 그걸 귓속말로나마 알려 줬으면 안 됐을까

목마가 끌고 가는 톱니바퀴에 4월 봄비가 물려

오늘도 힘겹게 페달을 밟는데 삐걱대는 자전거 하이얀 그리움은 아직도 그 자리, 못다 한 말들로 안타까운 목마는 4월의 톱니바퀴에 물려 절경절경 목을 감는다

바람도 엇박자로 일어 몸 밖으로 쫓아내지 못하는 시간 어둠은 밖의 두려움에서 오는 거라서 누군가는 목마의 가슴에 용기 있는 기름칠이라도 해줬어야 옳지 않았을까

사랑이란 것, 그리움이란 것에 좀 더 솔직했으면 안

됐을까
　새들도 제소리에 놀라 눈 뜰 것이므로
　어둠도 끌고 가다 놓친 새벽 시간

　절경절경 울어대는 목마의 아픔은 사랑의 목마름에서
오는 슬픔이란 걸 깨우쳐 주기만 했어도 풀렸을 텐데

태풍 머물다간 자리
― 뙤미 오승철 시인

산아
이어도 사나
여기
날 내려놓고
바람 한 줌
마저 돌려보내 버리면
그리움
이제
난
어떡하라고

봄의 예절

고향 집 마을 향해 엎드릴 일이다
그래도 미련이 남는다면
그러면 아름답게 손잡을 일이다

낮은음자리로 내려앉을 일이다
늙고 병든 저 나무는
더 단단해질 일이다

더 아파할 일이다
더욱 열심히 마음 비울 일이다
멍들고 거칠어졌어도
봄의 봄 비틀고 서 있는
삼월도 지쳐 매화(梅花)로 터지는 날

손목 잡고 헤어질 일이다
오래된 심줄 하나 붙들어 맬 일이다
장대에 목숨 줄 달아맨 빨래 하나면 될 일이다

코스모스

가, 슴 답답하여 막힌
숨, 소리로
나, 눈 대화 엿듣다
눈, 물겨운
창, 밖
코
스
모
스
비, 대신 운다

오늘, 조간신문 기사를 요약하건대

갇혀있는 말이라서 말들은 말을 못 해요

누군가 말을 걸어서 말에 걸린 말들이 마구간에 갇혀있어요

말 없는 말 대신 숨죽인 사람들이 대신 말을 해요

맑은 공기 맑은 하늘이 탁! 하며 어둠으로 갇혀버려요

바라보면 멀고 먼 저녁 하늘,

방금 지나간 마지막 버스에서도 탁! 한 종점 냄새가 쏟아져요

숨 멎은 하느님께 숨 쉴 수 있는 공간을 주십사 기도해요

숨을 마시는 사람, 숨을 뱉는 사람이 공동묘지에 함께 있어요

이상은 오늘 조간신문 첫째면 기사를 요약한 거랍니다

평행이론, 상처 치유 접점의 시학

박현솔(시인, 문학박사)

시인 강중훈, 그를 가까이서 지켜본 사람들은 안다. 그가 퍽 자기연민의 시인이라는 것을. 이는 스스로를 불쌍하게 여기는 의미에서 말하는 자기연민이 아니다. 되레 그 반대의 의미다. 시인 강중훈에게는 문득문득 공유인간성(Common Humanity), 정서적 안정성(Mind fulness) 또는 자기 친화성(Self-kindness)을 갖추고 있는 혹은 가지려고 노력하는 모습을 보이기 때문이다. 불쌍하게 보이고자 하는 것보다는 힘든 것을 이겨내고자 하는 자기완성의 깊이를 통해서 남의 아픔을 대신 아파하고자 하는 성품이 그것이다. 그는 자신의 아픔을 말할 때 '아파야 치유되는 병'이라고 한다. 자신이 아파보지 않으면 남의 아픔을 알지 못한다는 뜻과도 통한다. 다시 말해서 자신에게 당한 상황을 자연스럽게 수용하고 받아들일 줄 아는 인성과 감성을 통해서 자신만이 당하거나 느끼는 것이 아닌 주변의 모두가 그렇다는 것을 이해할 수 있도록 하는 포용성이 그것이다. 그러므로 그에게는 누구에게든 다가가려 하고 또 다가올 수 있게 하는 특별한 아우라가 있다. 이것이 우리가 그를 자기연민의 시인이라고 부르는 이유다.

필자가 강중훈 시인을 일찌감치 알고 있었던 건 아니다. 그렇지만 일찌감치 알고 있었다. 시인의 고향이 나의 고향이어서 그렇다. 제주 성산포 일출봉을 함께 하는 마을 태생이다. 그러므로 내가 강중훈 시인의 작품에 서평을 쓰지 않으면 동향인으로서 도리가 아니라는 생각을 하였다. 그러면서도 그러한 기회를 몇 번 놓치고 말았다. 지금 아홉 번째 시집을 상재한다 하심에 감히 먼저 손을 들었다. 많이 부족하지만 내가 나서야 하는 이유가 있다. 강중훈 시인의 삶과 그 과정을 누구보다 잘 알고 있어서다. 제주도의 호칭인 동네 '삼촌'이어서다. 제주에서 삼촌은 아주 가까우면서 다정한 그리고 존경하는 동네 어른을 이름이다. 나이를 따져봐도 그렇다. 시인은 1941년생이니까 나와는 30년의 연륜 차이가 난다. 그렇지만 어린 시절은 너무나 당연한 삼촌으로 여겨지다가 자라면서 각자 멀리 떨어져 성장했기 때문에 다소 어색함도 있었다.

 그런데 언제부터였을까. 30년 전부터다. 내가 20대의 한창 젊은 청춘이었고 강중훈 시인은 50대의 과묵한 중년 신사이셨다. 그때 제주에서는 제주를 중심으로 전국 20대 젊은이들이 '다층'이라는 이름의 시문학 동인 활동을 활발히 전개하고 있을 때였다. 나이 차이가 나서 함께하기 어색한 동인들이었지만 강중훈 시인은 우리 젊은이들과 함께하기를 자청했으며 우리는 시인을 모셨다. 강중훈 시인의 열정과 모던한 시의 세계를 모색하려는 열정이 우리 젊은이들에게는 귀감이었기 때문이다.

그로 인해서 하루가 다르게 변화된 시인의 작품 역시 젊은이들을 자극하기에 충분했다. 나아가 젊은이들과 함께 새로운 시문학의 세계를 열고 있음은 다층의 자랑이었다. 그러므로 오늘 나의 해설도 강중훈 시인의 작품에 대한 해설이라기보다 동네 조카가 삼촌에게 부리는 어리광 정도로 여겨 주셨으면 한다.

20세기를 진보적 이성과 과학주의, 대량 파괴와 살상, 새로운 국가 형성으로 인한 갈등을 유발하는 제노사이드의 역사라고 규정한다면 시인 강중훈은 그 제노사이드 역사의 중심에 파묻혀 살면서 아파하고 있다. 그렇지만 이 병은 많이 아파야 치유되는 병이라고 말씀하시듯이 실제로도 그런 삶을 살고 있다. 아파하는 삶을 산다는 것은 시를 쓴다는 의미다. 그에게 언제부터, 왜 시를 쓰게 되었는지 여쭈면 시인은 조금도 망설임 없이 '내 삶이 시이기 때문'이라고 대답한다. 이 말을 곱씹으면 강중훈 시인에게 시는 삶과 죽음의 문턱에서 살아남은 자에게서 나오는 언어라는 의미와도 통한다. 그렇다면 왜 시인은 죽음과 삶의 고비를 겪었는가.

지금은 누구에게나 알려진 '4·3'이라는 제주 양민 대학살 사건, 그 중심에 시인 강중훈이 있었다. 그만큼 그와 '4·3' 사건은 아주 긴밀하게 연관되어 있다. 4·3은 그의 온 가족을 학살의 현장으로 내몰았다. 할아버지와 할머니, 아버지 그리고 아버지 3형제를 비롯한 친척과 이웃 삼촌들이 모두 희생자다. 살아남은 사람은 그의 어머니와 그를 비롯한 삼 남매뿐이다. 이 사건의 아픔을 강중훈 시인은 줄곧 '자기연민'이라는 입장에서 반추한다. 보이는 것은 보이지 않은 듯, 기억되는 것은 잊은 듯 서글픈 장면은 즐거움으로 희화시키고 미움은 사랑으로 품고 껴안으며 살았다. 그것이 그의 삶이며 시인 것이다.

그가 함부로 '4·3'을 논하려 하지 않은 이유도 여기에 있다. 또 그때의 그 사건을 원망하려 하지도 않는다. 누구의 탓이며 원인이 무엇이며 무엇으로 보상받아야 하며 그 해결 방법이 무엇이냐에 관해서도 논하려 들지 않는다. 오로지 화해와 상생과 용서만이 그의 과거와 현재에 있을 뿐이다. 그것이 실존의 의미이기도 하다. 그러므로 시인의 작품 하나하나에서도 제주4·3사건의 모순을 드러내려 하지 않는 것이 엿보인다. 오직 은유로 감싸고 다듬어서 한 폭의 아름다운 수채화로 그려낼 뿐이다. 이해심과 포용으로 적는 마음의 시, 내재적 고통을 시로 승화시키고, 개인의 아픔과 부족함을 공통의 아픔과 경험으로 진단하며 자기 감성과 생각을 객관적 관점에서 관찰하고 도움을 주려는 모습은 차라리 로이 리히텐슈타인도 표현하지 못한 눈물 같은 시라고 할 수가 있다.

이번에 출간하는 아홉 번째 시집 『젖은 우산 속 비는 내리고』 역시 기억 속의 상처를 용서와 화해, 사랑의 이야기로 이끈 흔적이 있다. '섬'이라는 주제를 끌어다 첫 단에 올려놓고 외로운 섬의 눈물을 보이다가 어느덧 '에토스'라는 섬을 향해 떠나지만 결국 섬에 갇힌 사람들의 '파토스'는 시의 본질을 윤리적 배경에 끌어올려 '로고스'라는 성서의 입김을 불어 넣어 삶을 정의하고 신학적 시의 경지에 이르고자 함에 있음을 필자는 주목하였고 그 걸음을 차근차근 걸어가 보기로 한다.

1. 비극적 사건과 분열된 공동체의 합일

　알고리즘 냉장고에서 덜 풀린 통조림과 깡통 속 캐러멜을 찾아내어 칼칼한 목젖을 적신다

　스멀스멀 기어 나와 조금은 여유로운 컴퓨터 자판에 왼쪽 뺨을 문지른다

　지상의 잠든 모든 것들을 깨워놓기 위함이다

　부러진 솔가지가 송홧가루를 날려 온 세상을 휘젓고 나닐 때 그대는 마른 잎을 싫어했다

　컴퓨터 화면 오른쪽에도 겨울나무가 있고 동상 입은 엠블럼이 있고 왼쪽 새끼발가락 사이로 낡은 고무신 한 짝이 헐겁다

　남루한 시대정신이 고차방정식으로 잠긴다

　그대가 아름다워지는 그믐달이 지고 있다
　—「그대라는 고차방정식」 전문

첫째 단 「섬」을 열어보면 첫 번째 시 제목에서부터 시의 언어를 방정식에 두고 있는데 그것도 함부로 풀 수 없는 '고차방정식'이다. 강중훈 시인에게 고차방정식이란 무엇일까. 시인에겐 풀리지 않은 '4·3사건'이 그것이다. 풀리지 않은 것은 알고리즘이라는 "냉장고"이고 풀리지 않은 의문점을 현대의 "캐러멜"로 푼다고 했다. 정말로 풀고 싶은 마음이 있음에도 묶어뒀다는 의미일까. 묶어 뒀다가 현대의 시각에서 모든 걸 풀어야겠다는 의지가 있어서였을까, 그래서 첫 시 제목에서부터 고차방정식으로 묶어두려 했을까. 그러면 왜 묶어 둔 걸 풀어야 하며 왜 또 묶어두려 했을까. 의문점은 한둘이 아니다. 그렇기에 그것들을 다음의 시편들로부터 차근차근 풀어보고자 한다.

> 낮술에 취한 로댕이
> 수탉 울음 같은 가을 울음에 물음을 던지면
>
> 그리운 할아비와 아비
> 그 어미 모두가 눈먼 장님 되어
> 눈 비벼도 보이지 않는 그림자는
> 꿩바치 총소리에 놀라 돌아선 사랑이라
>
> 풀숲에 잠든 무수한 부호들 앞에서
> 죽음의 깍지 풀고
> 구겨진 손 흔들며
> 자신들만의 존재를 노래하는 평화공원 근처

평화의 뜻도 모를 제주의 산허리

시(詩)처럼 앉아 있는 노인 한 분은 가끔
마른기침이 마렵다고 답을 준다
―「로댕의 그림처럼」 전문

 시인은 로댕처럼 고민하고, 우수에 젖고, 울음을 울다가, 그 울음에 물음표를 던진다. 그러다가 꿩들도 잠든 풀밭에서 잠이 든다. 그리고 노래를 듣는다. 평화라는 노래를 제주4·3평화공원 근처에서 가을에 돌아가신 아버지에게 물음표를 던지듯이 이듬해 4월엔 스스로에게 4·3을 해부해 보려 한다면서 말이다.

여름 해에 댄 팔월의 산

비췻빛 같은 당신의 목숨

산속으로 숨고

태양의 젖꼭지 근처

비린내 나는 그리움

해부되어

석쇠 위에서 지글지글 탄다
―「여름 해부학」 전문

이어서 시인은 「사와 삼 분의 일에 관한 이념적 상상」을 '사와 삼'이라는 이념적 논쟁의 고리를 삶(生)이라는 숫자 놀이로 끊고 싶어 했다. 그것뿐만이 아니다 "부끄러운 마음으로 정원의 청솔가지 끝에 매달려 목을 맬까 하다가 웃자란 나뭇가지 하나 잘라내면서 내 안에 그릇된 양심의 가지에 칼을 댄다. 녹슨 지 오래되어 무디어진 칼은 욕이 마렵다(「어느 선교사의 이야기」 부분)"라고 할 만큼 이를 풀어헤치고 있다.

둘째 단을 들여다보면 '에토스'다. 첫 번째 시는 「구월의 편지」인데 구월은 강중훈 시인의 부친이 돌아가신 음력 구월이 연상된다.

    행여 놓칠까 봐

    외로운 쇠갈매기 편에도

    슬째기 슬째기//보내드리렵니다//먼바다 서쪽 하늘 끝//뒷면 꼭지 글로 몰래몰래 적어 넣기도 하렵니다//꼭꼭 눌러 적어 붙이렵니다//그리움으로 매달린 통통배 한 척에//그래도 혹시 잊고 빠트릴라//구월의 제주 바다를 '그리움'이라 부른다고//구월의 제주 바다는 해 질 녘이 아름답다고//사랑이라고//사랑이라는 안부를 적어
    —「구월의 편지」 전문

얼마나 외로웠을까. 또 얼마나 그리웠을까. 아버지가 돌아가신 구월이면 사랑도 그리워질 판에, 바다 서쪽 끝 섬을 떠난 그리움이 사랑이라는 안부라도 적어서 보내드리고 싶었을까. 이것이 '에토스'의 시작이다. 그래서 시인은 길을 떠난다. 바르샤바로…「시비가 있는 공원」을 지나「바다 숭어의 기도」를 들으면서「카사블랑카」라는 노래로 풀어낸다.

    우리는 가시적 존재를 부정한다
    검은 바위 끝으로부터 지목된 존재에 대해서도
    괭이갈매기가 바다의 경계를 허물 듯이
    괭이갈매기가 바다를 경계하듯이
    괭이갈매기는 바다를 경계할 수밖에 없듯이
    그러므로 우리는 바다를 떠날 수밖에 없다

    날갯짓의 무게를 경계한다
    무게의 흔들림을 경계한다
    물그림자를 경계한다
    바닷물은 밀려오기 위하여 존재하는 것
    부정하지 말라는 바람의 속삭임에
    섬이라는 이름으로 바람 부는 날

    〈중략〉

    우리들은 또다시 추락하기 위한 날개를 달아야 한다
    원죄로부터 따라온 본능의 부정들도

            잉카가 멸망했고 어둠이 멸망함에 따른 것일 뿐
            존재는 부재를 부정하지만 부재는 가볍다
            종이 울린다고 해서…
            —「바르샤바로 가는 길」 부분

「섬」이라는 첫 번째 단을 이어 「에토스」로 건너온 시인은 결국 '4.3'이라는 가시적 존재를 부정한다. 그리고 또 다른 제노사이드인 바르샤바로 발길을 옮긴다. 그렇지만 그곳 역시 스스로를 피해자라고 울먹일 뿐 피해자라고 주장하면 주장할수록 아픔은 깊어지고 희망은 없다는 것을 깨닫는다. 제주 섬을 검은 바위라고 지목하는 것과도 같다. 괭이갈매기가 바다의 경계를 허물듯이 4.3 사건이라는 어둠에서 조용히 해방될 수 있는 길은 오로지 자신뿐이라는 것을, 존재와 부재의 가치성이 존중되어야 할 때 가능하다는 것을 시인은 깨닫고 있다. 그래서 부르는 또 다른 노래가 「카사블랑카」다.

    가슴 아픈 줄도 모르고
    눈뜬장님 마을

    눈이 먼 아이 꿈속에선
    돌섬만 동동동동 맴도는 섬마을

    두고 떠날 수밖에 없는
    바닷가 하얀 집을 꿈꾼다

바보 멍청이들
아무 곳도 가고 싶지 않으려는

아무 곳도 가지 않으려는
아무 곳도 갈 수 없다는

어쩌면 알고 있을지는 모르지만
언덕 위의 하얀 집 바닷가

카사블랑카
카사블랑카

해바라기
테왁 하나
혼자 잠들다
— 「카사블랑카」 전문

 "카사블랑카"는 어떤 곳인가. 시인이 가고 싶어 하는 이상향 아니면 에덴동산 같은 꿈의 도시인 줄 알았지만 그곳 역시 역사의 아픔을 지닌 곳이다. 태양이 뜨거움으로 주체를 잃은 해바라기를 닮은 모로코다. "카사블랑카"를 돌아선 시인은 자신의 어머니이고 자신의 누이이고 아내이기도 한 제주섬, 제주 해녀들과 함께 테왁 하나의 목숨 줄에 매달려서라도 억척으로 살아가겠노라는 의지를 내보인다. 그래서 배를 띄운다. 비록 그것이 '종이배'일지라도 '파토스'라는 이름의 배에 돛을 달고 싶어 한 것이다.

> 하얀 종이배/푸른 하늘에 날개 접은 종이학 되어
> 파도를 만나도 넘어지지 않은
> 〈중략〉
> 그 종이배/ 종이배를 띄우자/이왕에 출렁일 거라면
> 우리나라 만만세 정도는 펼칠 줄 아는 종이배
> 〈중략〉
> 휘날리는 태극기 깃발 펄럭이는
> —「종이배 - 4월의 노래」 일부

  결국 시인은 꿈과 희망을 잃지 않았다. '4·3'의 아픔을 이고 지고 섬을 떠났어도 그의 꿈 바라기는 제주 섬이다. 그리고 그 섬에선 배를 띄워야 한다는 걸 깨닫는다. 왜냐하면 배는 또 다른 꿈이며 도전이며 가능성이기 때문이다. 이것이야말로 시인이 헤쳐 나가고자 하는 치유의 방법임을 역설적으로 암시하고 있다. 더군다나 "하얀 종이배/푸른 하늘에 날개 접은 종이학 되어/파도를 만나도 넘어지지 않은 꿈을 펼치며 휘날리는 태극기 깃발 펄럭이며"라는 대목에선 시시하게 '4·3'에 매달려서 장탄식하며 원인이나 캐고 보상을 바라는 모습을 보이기를 원치 않는 모습이다. 그러므로 강중훈 시인은 시인의 고향「오조리에선 누구나 아그네스 발차의 노래를 부른다」라는 역설적 노래로 모순된 현실의 아픔을 대신한다.

기적소리조차 들리지 않을 만큼,
기차마저 굵은 동아줄에 포승 당한 마지막 수용소
너무 맑아 보이지 않을 만큼,
사랑이라는 이름으로 흐느끼며 떠나네

멀고 먼 섬나라
빨간 열매 달린 밤 배 멜로디를
꿈의 바이올린으로 켜며,
꿈결처럼 아름답게,

바닷가에선 저녁 하늘도 흐느끼듯
은하수를 어루만지다 춤을 추네,

발을 대면 미끄러질 것만 같아
물끄러미 내려다보기만 해도 눈물 맑은 오조리
세상에서 가장 아름다운 오케스트레이션 아니면
아그네스 발차의 이별 열치를 타고
클래식하게
아리랑 노래 부르네
—「오조리에선 누구나 아그네스 발차의 노래를 부른다」 일부

"아그네스 발차"는 그리스가 낳은 세계적인 메조소프라노다. 우리 민족이 일본의 지배에 항거하던 시기인 1944년생이다. 그리스 역시 우리와 같은 시기에 독일의 지배에 항거하고 있었다. 그때 그들에게는 우리의 아리랑 같은 국민가요이며 저항가요가 있었다. 「기차는

여덟 시에 떠나네」라는 노래다. 이 노래는 그리스 레지스탕스와 그가 사랑하는 여인과의 마지막 이별을 담은 노래다. '아그네스 발차'가 그때 그리스 레지스탕스 연인들의 심정으로 불러서 그리스인을 하나로 만들었다. 강중훈 시인은 이 노래를 들으며 암울했던 우리의 40년대 4·3사건을 반추하였을 듯하다. 그리고 학살장 멀리 숨어서 아버지를 바라볼 수밖에 없었던 시인의 어머니와의 이별을 상상했는지도 모른다. 그러면서 "멀고 먼 섬나라/빨간 열매 달린 밤 배 멜로디를/꿈의 바이올린으로 켜며,/꿈결처럼 아름답게" 듣노라 화답하고 있을지도 모른다.

2. 진실의 부재 너머 무너진 삶

친구야! 저 옴팡진 바닷가 작은 마을엔
누가 누가 사는지 자네는 아는가

아마도, 아마도, 그곳엔 말이지
수천수만의 나무와 숲이
오름과 오름들이

타다 남은 숯덩이와 굳은 돌덩이들이
구르다 구르다가 부서져 조각난 양심들이
뒤돌아 가슴 조이며 바라보는 물결들이
속 터져 가루가 되다만 모래알들이

〈중략〉

아니면 뜻 모를 손짓으로
누군가의 안부를 묻고 있거나
그것도 아니면
그대의 마음 한구석에 자리한 부처님

봐도 못 본 척 돌아서 앉은 바오름일 수도 있어

속내 모를 미움과 미움들을 몰래몰래 걸러내며
자박자박 목숨 걸며 숨어 사는 높새바람일지도 몰라
—「오조리 노래·2」 부분

파토스 최고의 경지는 수사학이며 담론의 예술이다. 강중훈 시인은 위의 작품에서 '4·3'이라는 일말의 사건들 즉 사람들이 죽고 마을이 불타고 인성이 파괴되는 역사적 사실이 있었음에도 그에 함몰되지 않겠다는 수사학적 담론을 말하고 있다. 그중에서도 가장 가슴 아픈 것은 진실을 외면하는 사람들의 모습이다. 그렇지만 시인은 그들의 외면을 외면으로 보지 않았다. "그대의 마음 한구석에 자리한 부처님, 봐도 못 본 척 돌아서 앉은 바오름일 수도 있어"라는 부분에선 보이지 않게 "누군가의 안부를 묻거나 속내 모를 미움과 미움들을 몰래몰래 걸러내는" 그들만의 아픈 사랑이 있음을 노래한다.

특히 강중훈 시인은 그 아픔에 대한 이해를 「자전거-4월의 노래」와 같이 쓰게 된다. "눈 못 붙여 새벽잠 깬 자전거 뒷바퀴 덜커덩거림이 누군가에 못다 한 사연 있음인 것을, 그걸 귓속말로나마 알려 줬으면 안 됐을까 (…) 바람도 엇박자로 일어 몸 밖으로 쫓아내지 못하는 시간 어둠은 밖의 두려움에서 오는 거라서 누군가는 목마의 가슴에 용기 있는 기름칠이라도 해줬어야 옳지 않았을까//사랑이란 것, 그리움이란 것에 좀 더 솔직했으면 안 됐을까 (…) 절겅절겅 울어대는 목마의 아픔은 사랑의 목마름에서 오는 슬픔이란 걸 깨우쳐 주기만 했어도 풀렸을 텐데(「자전거- 4월의 노래」 부분)"에서 질문하고 답하면서 서로의 화해를 응원하고 있다.

3. 용서와 화해를 이끄는 세상 '로고스'

봄이 깊을수록 마음의 울타리에 산딸기 익어
아마도 그러면 세상천지 벚꽃 만개할 거라

그리움을 잎에 말아
음력 팔월 대보름달로 보내드린다면
꿈꾸듯 모두를 사랑할 거라

꿩바치 총소리에 숨어 살던 새끼 꿩도
누릇한 보리 덤불 속을 헤쳐 나올 거라

우리의 시간도
그쯤이면 더욱 기름질 거라

천지사방 온 누리에 겨울이 온다고 한들
　　우리들 마음속은 하얀 달빛으로 따뜻할 거라

　　꽃눈 송이송이 그대 창에 매달아
　　밝고 맑은 아침 되게 한다면
　　다투던 사람들은 화해하며 서로를 부둥켜안을 거라

　　때맞춰 우리들 마음도 활짝 열릴 거라
　　모든 세상이 그리될 거라

　　아릿한 봄의 마지막을 뜨거운 가슴으로 마주한 제주

　　〈중략〉

　　톱니바퀴에 물린 시간일지라도
　　그때는 분명 그러할 거라

　　성산포 터진목 가을 해도
　　시간 맞춰 촘촘히 따뜻할 거라
　　 ―「편지 - 성산포 터진목에서 띄우는 노래」 부분

　성산포 터진목은 '4·3' 당시에 성산포 지역의 집단 학살터였다. 강중훈 시인의 가족이 무참히 죽어간 장소다. 어릴 때 이 동네 사람들은 대낮에도 무섭다며 지나다니기를 꺼리던 곳이다. 그곳에서 시인은 원망과 절규가 아닌 용서와 화해를 이야기하고 있다. 어떻게 그것이 가능하게 되었을까. 그것이 강중훈 시인만이 앓고 있는

'자기연민'이다. 시인은 이곳이 용서와 화해의 공간으로 거듭나야 함을 절감하고 있다. 그렇게 되기까지 시인의 아픔과 인내 그리고 고난과 고통은 어떠했을까. 그것을 담아낸 다른 작품들로 「봄비 갠 날이면」, 「구월의 편지」, 「종이배-4월의 노래」 등이 있다. "오늘은 비 개이려나 그러면 벚꽃도 만개하겠지/때맞춰 우리들 마음도 활짝 열리겠지 용서하고 사랑하겠지/꿈꾸듯 모두를 그리워하겠지(「봄비 갠 날이면」)"에서 봄의 도래와 함께 마음이 열리고 그리움과 사랑을 전할 수 있기를 기도한다. 이처럼 강중훈 시인의 가슴에 용서와 화해, 그리움과 사랑의 메시지가 찾아오기까지 얼마나 울먹이며 언어를 다듬듯이 가슴의 응어리를 다듬고 중용과 자기완성의 시가 되도록 노력했을까 싶다.

4. 평행이론의 세계 인식, 그 끝없는 사랑의 원칙

(레지스탕스 청년과 그의 연인은 카테리니 행 기차를 타기로 약속했지. 그들이 함께 떠나기로 한 11월의 어느 날, 만나기로 한 기차역에 사랑하는 청년을 여인은 기다리지, 출발할 기차 시간은 다가오고 그러나 청년은 끝내 나타나지 않았지, 비통한 심경의 여인은 혼자 기차에 오르지. 홀로 떠나는 여인의 모습을 숨어서 지켜보는 청년, 억압받는 민중을 외면치 못한 청년, 카테리니행 기차에 차마 오를 수 없는 그는 그래서 홀로 노래 부르지 '기차는 8시에 떠나네')

누가
이 길을
찾아 나서라 했을까

이 길 따라가면
구할 수 있다 했을까
가다가 엎드리면 얻을 수 있다 했을까

아니지, 더는 욕심내지 말기야
여기서 우리 서로 바라보는 것만으로도
그 모든 것 맺고 이룬 것이거늘…
그대 향한 새벽 횃불 저렇게 붉게 타고 있는데
열렬히 열렬히 마중하는 여인
그 멀고 먼 길 찾아 물어물어 아침 해
목숨 걸고 여기까지 왔음을…
— 「일출봉에 해 뜨거든-미키스 테오도라키스의 아
　리랑」 부분

이 시와 관련해서는 이미 '오조리에선 누구나 아그네스 발차의 노래를 부른다'에서 '기차는 여덟 시에 떠나네'라는 노래의 제목을 덧붙여서 의미 부여를 한 바 있다. 제목에 "미키스 테오도라키스의 아리랑"이라는 부제가 붙을 것은 '4.3'을 이해하는데 미키스 테오도라키스가 주는 이미지가 강하고, 그가 그리스의 민족정신이 강한 저항작가이며 작곡가이기 때문이다. 그러므로 강중훈 시인이 이 작품을 쓴 의미도 그만한 이유가 있었을 텐데 그것은 바로 평행이론의 세계 인식이 요구되기 때문이다. 평행이론은 이 세계가 어떤 시간에 대해 하나의 길로만 놓여 있지 않으며, 다른 시대를 살았던 두 사람의 운명이 같은 패턴으로 전개될 수 있다는 개념이다.

  모든 예술은 인간의 내면에 새겨진 상처들을 치유하는 힘이 있다. 특히 시는 세계를 성찰하고 자아를 발견하는 과정을 통해서 자연스럽게 사상과 감정이 드러나고 상처받은 내면을 진솔하게 표현하여 치유의 효과를 경험하게 된다. 시를 쓰며 살고 있다는 것은 지금까지 살아오는 동안 받은 내면의 상처들을 시로 풀어내며 살고 있다는 의미이기도 하다. 자신이 겪은 고통과 가족들이 겪은 아픔, 공동체가 겪은 비극에 예민하게 반응하고 그것의 해결과 극복에 온 힘을 모으는 존재가 시인이기도 하다. 강중훈 시인 역시 자신이 겪은 비극적인 사건으로 심적인 고통을 경험했고 그 아픔의 치유를 화해와 용서, 사랑, 자기연민까지 구하고자 하는 절실함을 담아낸 시들을 써왔다. 그 증거와 답이 그동안 발간한 아홉 권의 시집에서 입증된다. 이 글을 마치면서 강중훈 시인이 지속적으로 말해온 '아파야 치유되는 병'이 있음에 공감하고 그 깊은 의미를 다시금 새겨보고자 한다.